Cornelia Zingerling · Titi Sudarso

Von Sumatra bis Bali

Indonesische Spezialitäten

FALKEN

Vorwort

Die indonesische Küche ist uns Europäern schon längst nicht mehr fremd. Ich selbst kenne sie bereits seit meiner Kindheit, denn meine Mutter wurde in Java geboren, ist dort aufgewachsen und drang so schon früh in die Geheimnisse der indonesischen Küche ein, wenn sie meiner Großmutter und ihrer „Koch-Babu" über die Schulter schaute. Meine Großmutter kocht auch heute noch am liebsten indonesisch und lädt auch hin und wieder Verwandte und Freunde zu einer original indonesischen Reistafel ein. Die dafür nötigen Zutaten kann man ja bereits in fast allen gut sortierten Lebensmittelgeschäften oder in Asienläden kaufen. Die meisten Gerichte sind schnell und einfach nachzukochen und auch gut vorzubereiten, was sehr praktisch ist, wenn man einmal eine Reistafel servieren möchte. Ich wünsche Ihnen gutes Gelingen beim Nachkochen der Rezepte und „slamat makan" (Guten Appetit)!

Cornelia Zingerling

Inhalt

Eine Küche der Gewürze

Die indonesische Küche liebt die Gewürze, die auf allen Inseln in verschwenderischer Fülle wachsen. Nach alten Rezepten und mit Phantasie zu äußerst geschmackvollen Kombinationen zusammengerührt, verleihen sie allen Speisen ihren unverwechselbaren, typisch indonesischen Charakter.

PIKANTE BIS SCHARFE KÜCHE

Indonesien ist ein riesiges Inselreich und erstreckt sich von West nach Ost über rund 5 000 Kilometer. Es besteht aus mehr als 13 000 Inseln, von denen Borneo, Sumatra, Java und Celebes die größten sind. Ebenfalls zu Indonesien gehört der westliche Teil Neuguineas. Im Norden von Borneo liegt das kleine Sultanat Brunei, das ein selbständiger Staat ist. Die Lage nördlich und südlich des Äquators bedingt ein feuchtheißes, tropisches Klima, das eine ungeheure Vielfalt von Pflanzen gedeihen läßt. Die Flora des Malaiischen Archipels umfaßt über 30 000 verschiedene Pflanzenarten und darf damit als die wohl reichste der Welt bezeichnet werden. Indonesien ist ein Land mit vielen Gesichtern – palmenumsäumte weiße Strände, uralte Tempelanlagen und riesige, menschenleere Urwälder wie auf Borneo und im indonesischen Teil Neuguineas einerseits und total übervölkerte Landstriche und Städte wie auf den Inseln Java und Madura.
Wenn wir nun von indonesischer Küche hören, so denken wir meist an unheimlich scharf gewürzte Speisen. Das ist auch grundsätzlich richtig, denn die meisten Indonesier essen gerne scharf. Doch man kennt ebenso eine Vielzahl von Gerichten, die ganz ohne Chilischoten zubereitet werden. Sicher sind sie trotzdem immer würzig und pikant, aber eben nicht unbedingt höllisch scharf. Außerdem kann man die Schärfe nach dem eigenen Geschmack bestimmen, indem man entsprechend weniger (oder mehr) Pfefferschoten beziehungsweise die Würzsauce Sambal oelek verwendet.
Zum Kochen indonesischer Speisen braucht man keine speziellen Küchengeräte. Ein „Wajan“ (Wok) wäre natürlich ideal, aber eine große gußeiserne oder beschichtete Pfanne tut es auch.
Sinnvoll ist die Anschaffung eines Mörsers (Ulek). Die indonesische Hausfrau benutzt ihn, um ihre Gewürzmischungen jeden Tag frisch zuzubereiten. Der Name „Sambal ulek oder oelek“ – letztere ist die holländische Schreibweise – bedeutet nichts anderes als „gestoßene Chilischoten“. Nehmen Sie für die indonesische Küche auf keinen Fall das gelbe Pulver, das unter dem Namen Curry verkauft wird. Diese fertige Gewürzmischung gibt den Speisen lediglich einen einheitlichen Standardgeschmack und wird in Indonesien überhaupt nicht verwendet. Dort versteht man unter einem Curry einfach ein Gericht, egal ob auf der Grundlage von Fleisch, Fisch oder Gemüse, mit Sauce. Der Name leitet sich von dem indischen Wort „Kari“ (Sauce) ab.
Die meisten Indonesier essen kein Schweinefleisch, da sie größtenteils dem moslemischen Glauben an-

gehören. Nur auf Bali hat sich der Hinduismus erhalten, und hier ist Schweinefleisch sehr beliebt.
Was die Gartechniken betrifft, so überwiegen die in der Pfanne unter Rühren gegarten Gerichte, die mit etwas Wasser, Brühe oder Kokosmilch fertiggestellt werden. Viele Speisen kocht man auch zuerst und brät sie anschließend knusprig. Die beliebten „Satés", kleine Fleischspieße, gelingen auf einem Holzkohlengrill am besten. Auf Java benutzt man den „Anglo", einen kleinen Holzkohlenherd aus Ton oder Eisen, in dem eine Schale für die Holzkohle angebracht ist. Diese hält der Koch – oder die Köchin – mit einem „Kipas" (einem Fächer) immer am Glühen.
Was trinkt man zu einem indonesischen Essen? Nun, das ist erst einmal Geschmackssache. Am besten paßt jedoch Bier, Mineralwasser oder Tee, aber auch ein ungesüßter Fruchtsaft. Wein wird in Indonesien generell sehr selten getrunken. Er harmoniert aber trotzdem gut mit den Speisen, so daß Sie nicht auf ihn verzichten müssen.
Bevorzugen Sie milden, leichten Weißwein, zum Beispiel Moselwein oder Bordeaux.

Reis und Reistafel

Wie in allen anderen asiatischen Ländern ist auch in Indonesien der Reis das wichtigste Grundnahrungsmittel. Er wird auf vielfältige Art zubereitet. In Java ist „Lontong" beliebt, in Bananenblättern gedämpfte Reiswürfel, die mit in Kokosmilch gekochtem Gemüse, Rindfleischcurry und gerösteten Kokosflocken serviert werden.
Eine besondere Spezialität sind die gefüllten Reisrollen (Lemper), die Sie im Rezeptteil auf Seite 58 finden.
Klebreis (Nasi ketan) wird besonders in Sumatra sehr gern gegessen, und zwar besonders zu trockenen Gerichten. Beim Kochen kleben die Körner aneinander und bilden dann eine zusammenhängende Masse.
Der Reisanbau ist vom Pflanzen bis zum Ernten bestimmten Zeremonien unterworfen. Damit der Reisbauer sie auch richtig ausführt, muß er mit dem Priester oder dem Medizinmann Rücksprache halten.

So ist es zum Beispiel wichtig, daß beim Pflanzen das Sternbild des Orion am Horizont steht, und für eine gute Ernte ist ein bestimmter Wochentag in Verbindung mit einem bestimmten Sternbild von entscheidender Bedeutung.
Nach der Ernte findet ein „Selamatan" statt, ein Festessen, bei dem natürlich der Reis im Mittelpunkt steht, und damit wären wir bei der auch bei uns so berühmten Reistafel.
Eine Reistafel bereitet man folgendermaßen zu: Eine große Schüssel mit weißem Reis steht in der Mitte des Tisches, und um sie herum gruppieren sich die verschiedensten Gerichte. In Indonesien können das bei festlichen Anlässen bis zu hundert sein! Man ißt von tiefen Tellern und nur mit Löffel und Gabel. Jeder gibt nun etwas Reis in die Mitte seines Tellers und nimmt sich nacheinander von den anderen Gerichten, die er immer mit etwas Reis auf seinen Löffel häuft. Auf keinen Fall werden sie mit dem Reis auf dem Teller vermischt!
Welche Gerichte man zu einer Reistafel kombiniert, bleibt jedem selbst überlassen; hier sind aber einige Regeln, die man beachten sollte: Wenn der Reis gekocht oder gedämpft ist, kann man eine Suppe dazu reichen. Zu gebratenem oder gewürztem Reis wird jedoch niemals eine Suppe serviert.
Wenn man eine Suppe oder einen Eintopf anbietet, sollte nicht noch ein anderes Gericht mit viel Sauce dabei sein.
Der beste und aromatischste Reis ist der Basmati-Reis, aber normaler Langkorn- oder Patnareis schmeckt ebenso gut. Verwenden Sie aber keinen parboiled, Rundkorn- oder Milchreis!
Bei einer Reistafel rechnet man etwa 400 g Reis für 4 Personen, je nachdem wie viele Zutaten sonst noch angeboten werden. Der Reis muß unter fließendem kaltem Wasser gewaschen werden, bis es klar bleibt. Dann gibt man ihn zusammen mit der ungefähr anderthalbfachen Menge Wasser (in diesem Fall 700–800 ml) und 1 TL Salz in einen Topf und läßt ihn erst aufkochen und danach 5 Minuten sprudelnd kochen. Nun verschließt man den Topf und läßt den Reis auf kleinster Flamme ungefähr 20 Minuten ausquellen. Die Reiskörner haften dann leicht aneinander. In der indonesischen Küche wird der Reis niemals körnig gekocht, sondern immer so, daß er klebrig wird.

Einige Menüvorschläge für die Reistafel:

• Reis
Süßsaures Gemüse (S. 22)
Gefüllte Omeletts (S. 16)
Huhn mit Ingwer (S. 34)
Rindfleisch in Kokosmilch (S. 36)
Gebackener Karpfen (S. 48)

• Reis
Gemischtes Gemüse mit Erdnußsauce (S. 20)
Huhn in Kokossauce (S. 34)
Süßsaures Lammfleisch (S. 44)
Fisch mit Krabben (S. 48)

• Gebratener Reis (S. 61)
Süßsaures Gemüse (S. 22)
Gebratene Hummerkrabben (S. 54)
Marinierte Schweinefleischspieße (S. 41)
Geschmorte Leber (S. 36)

• Reis
Hühnersuppe (S. 26)
Lammspieße (S. 44)
Schweinsragout mit Gemüse (S. 42)
Geröstete Kokosflocken
Eier in Kokossauce (S. 18)
Fischcurry (S. 50)

• Reis
Gebratener Sojabohnenquark mit Erdnußsauce (S. 22)
Huhn in pikanter Sauce (S. 32)
Gedünstete Fleischküchlein (S. 40)
Hummerkrabben mit grünen Bohnen (S. 54)

• Reis
Maisküchlein (S. 19)
Hühnersuppe (S. 26)
Gebratene Ente (S. 30)
Schweinefleisch in saurer Sauce (S. 42)
Gebratener Fisch auf balinesische Art (S. 52)

• Reis
Frühlingsrollen (S. 16)
Gebratenes Huhn mit Zwiebeln (S. 34)
Gebratene Fleischwürfel mit grünen und roten Bohnen (S. 39)
Fisch in Kokossauce (S. 50)

Zu jeder Reistafel gehören außerdem Krupuk und ein oder zwei Würzsaucen (Sambals, S. 24), die man auch fertig kaufen kann.

Spezielle indonesische Zutaten

1. Bambussprossen (Rebung)
Bambussprossen sind bei uns nur in Dosen oder in Gläsern erhältlich, und zwar entweder in größeren Stücken oder kleingeschnitten. Sie lassen sich sehr vielseitig verwenden.

2. Chilischoten (Lombok)
Die scharfen Schoten sind aus der indonesischen Küche nicht wegzudenken. Man nimmt die frischen grünen ebenso wie die roten, wobei letztere auch getrocknet angeboten werden. Am schärfsten schmecken die kleinen „Lombok rawit“.

3. Galgant (Laos)
Diese aromatische Wurzel stellt einen wichtigen Bestandteil indonesischer Gewürzmischungen dar. Sie gehört zu den Ingwergewächsen und wird bei uns getrocknet in Stücken und gemahlen, manchmal auch unter der Bezeichnung „Galanga“, angeboten.

4. Gelbwurz (Kunjit)
Sie ist auch unter dem Namen Kurkuma bekannt. Die leuchtend gelbe Wurzel wird meist zum Färben der Speisen verwendet und ist Hauptbestandteil des Currypulvers. Gelbwurz schmeckt leicht bitter und ein wenig wie Ingwerwurzel.

5. Geröstete Kokosflocken
Im Handel sind sie auch unter der Bezeichnung „Serundeng“ erhältlich. Sie stellen eine Mischung aus gerösteten Kokosflocken, Gewürzen und gebratenen Erdnüssen dar und passen praktisch zu jedem indonesischen Gericht sowie zur Reistafel.

6. Ingwer (Djahe)
Auch die Ingwerwurzel ist unentbehrlich für die indonesische Küche. Auf den Märkten und in Spezialitätenläden findet man frischen Ingwer, jedoch kann man ohne weiteres auch den gemahlenen nehmen, der allerdings weniger Würzkraft besitzt.

7. Kokosmilch (Santen)

Wer sich nicht die Mühe machen will, eine Kokosnuß zu öffnen und das Fleisch zu reiben und auszupressen, der übergießt einfach 250 g getrocknete Kokosflocken mit ca. ½ l kochendem Wasser und drückt die Masse nach kurzer Zeit gut aus. Noch einfacher ist die Verwendung von fertig gekauftem „Santen", einer konzentrierten, trockenen Kokoscreme am Stück, die man entweder in Wasser auflöst oder eßlöffelweise in die fertige Speise gibt. Auch Kokoscreme aus der Dose läßt sich mit Wasser oder Milch zu Kokosmilch verdünnen. Santen ist optisch leicht mit Kokosfett zu verwechseln, jedoch ist es etwas ganz anderes. Kokosmilch mildert beim Kochen die Schärfe der Speisen.

8. Koriander (Ketumbar)

Man verwendet die grünen Blättchen (Cilantro) ebenso wie die Samen. Getrocknet und gemahlen kommt Koriander meist in Verbindung mit Kreuzkümmel und Gelbwurz an die Speisen.

9. Krabbenpaste (Terasi)

Sie wird aus gesalzenen, getrockneten und gemahlenen Krabben hergestellt. Schon ein wenig davon verleiht allen Gerichten einen unverwechselbaren Geschmack. Krabbenpaste wird vor allem für Fisch- und Fleischgerichte genommen, sie ist auch unter dem Namen Trassi erhältlich.

10. Kreuzkümmel (Djintan)

Auch er gehört unbedingt zur indonesischen Gewürzmischung. Er wird auch Kumin, türkischer, asiatischer oder römischer Kümmel genannt. Weder im Aussehen noch im Geschmack hat er Ähnlichkeit mit unserem heimischen Kümmel und ist daher auch nicht durch ihn zu ersetzen.

1. Krupuk
Dieses „Krabbenbrot“ besteht aus einem Teig aus gemahlenen Krabben und Tapiokamehl, der an der Sonne getrocknet wird. Krupuk bäckt man in heißem Öl schwimmend aus, wobei es ungefähr die dreifache Größe erreicht. Es schmeckt sehr lecker zum Aperitif oder als kleine Knabberei zwischendurch und ist ein unverzichtbarer Bestandteil jeder „Reistafel“.

2. Lorbeer (Daun salam)
Indonesische Lorbeerblätter sind bei uns getrocknet erhältlich. Sie sind dunkelbraun, sehr aromatisch und nur im Notfall durch unseren Lorbeer zu ersetzen.

3. Macadamianüsse (Kemiri)
Diese weißgelblichen Nüsse sind etwas kleiner als gekochte Kastanien und unentbehrlich für die indonesische Küche. Man bekommt sie in Asienläden oder in Spezialitätengeschäften und sollte sie nur notfalls durch Cashewkerne, Wal- oder Haselnüsse ersetzen. Zum Mahlen benutzt man am besten eine Kaffeemühle.

4. Palmzucker (Gula djawa)
Palmzucker ist eine klebrige Masse, die aus der Zuckerpalme gewonnen wird. Er sieht aus wie Honig und schmeckt malzig bis karamelartig. Manchmal wird er auch als „Jaggery“ oder „Treacle“ in Dosen angeboten. Man kann ihn durch braunen Zucker und Rübensirup im Mischungsverhältnis 1 : 1 ersetzen.

5. Sambal oelek (oder ulek) und
6. Sambal manis
Ein „Sambal“ ist eine Würzsauce beziehungsweise ein Relish aus zerstoßenen Chilischoten und verschiedenen Gewürzen. Die beiden am häufigsten verwendeten Sambals kann man in sehr guter Qualität fertig kaufen. Sambal ulek besteht nur aus gestoßenen, mit Öl und Salz vermischten roten Chilischoten und ist äußerst scharf, wogegen der Sambal manis (manis = süß) eher süßlich scharf schmeckt. Eine kleine Auswahl an anderen Sambals finden Sie im Rezeptteil auf S. 24.
Da Sambals sehr scharf sind, sollten Sie beim Würzen damit stets vorsichtig sein!

7. Sojabohnenpaste (Taotjo)
Diese dunkle Paste aus gesalzenen Sojabohnen wird in Dosen angeboten. Wegen ihres ausgeprägten Geschmacks verwendet man sie sparsam.

8. Sojabohnenquark (Tahu, Tempe, Tofu)
Sojabohnenquark gibt es frisch oder in Dosen zu kaufen. Auch er ist geschmacklich eher neutral, weshalb er sich vielseitig kombinieren läßt.

9. Sojabohnensprossen (Tauge)
Die Sprossen sind bei uns frisch und in Dosen oder in Gläsern zu haben. Ihr Geschmack ist neutral, sie enthalten viele Vitamine und Mineralstoffe und sollten daher erst zum Schluß den Gerichten beigegeben werden.

10. Sojasauce (Ketjap)
Die indonesische Sojasauce ist geschmacklich nicht mit der chinesischen zu vergleichen. Indonesische Sojasauce gibt es in zwei Varianten: süß (Ketjap manis) und salzig (Ketjap asin). Im allgemeinen wird die süße Sauce bevorzugt. Falls im Rezept nicht ausdrücklich angegeben, nehmen Sie Ketjap manis).

11. Tamarinde (Asem)
Die 15 bis 20 Zentimeter langen Schoten des Tamarindenbaumes enthalten Samen, die von einer braunen, klebrigen Masse um-

geben sind. Um Tamarindensaft herzustellen, gibt man 1 bis 2 EL dieser Masse in 3 bis 5 EL warmes Wasser und läßt das Ganze kurz stehen. Dann knetet man die Masse, bis sich die Kerne lösen und eine dunkelbraune Flüssigkeit übrigbleibt. Diese läßt man durch ein Sieb laufen. Der Geschmack ist frischsäuerlich und erinnert an Zitronen. Im Notfall läßt sich Tamarinde auch durch Zitronensaft ersetzen.

12. Zimt (Kayu manis)

Der feine Ceylonzimt, auch Kanehl (Caneel) genannt, wird meist im ganzen, also als Stange, in Suppen oder Brühen verwendet. Der preiswertere Chinazimt (Kassia) darf als würdiger Ersatz gelten.

13. Zitronenblätter (Daun djeruk purut)

Die dunkelgrünen Blätter des Zitronenbaumes werden wie Lorbeerblätter mit dem Gericht zusammengekocht und verleihen ihm einen herbsäuerlichen Geschmack. Eventuell kann man Zitronenblätter durch etwas abgeriebene Zitronenschale von einer unbehandelten Zitrone ersetzen.

14. Zitronengras (Sereh)

Auch dieses Gewürz ist in der indonesischen Küche unentbehrlich. Die aromatische Wurzel wird entweder in Stückchen in den Speisen mitgekocht oder ist als Pulver ein wichtiger Bestandteil verschiedener Gewürzmischungen. Zitronengras duftet intensiv herbsäuerlich und verleiht den Speisen einen zitronigen, frischen Geschmack.

KLEINE GERICHTE, SUPPEN UND DIPS

Die indonesische Küche ist reich an kleinen Köstlichkeiten, die man zwischendurch, als Vorspeise oder als Ergänzung zu einem Menü serviert. Suppen werden in Indonesien meist wie eine Sauce zu weißem Reis gereicht, pikante Saucen passen gut zu kurzgebratenem Fisch oder Fleisch.

Frühlingsrollen
lumpia goréng

Für 4 Portionen
Zubereitungszeit: ca. 1 Std.
ca. 420 kcal pro Portion

1 Zwiebel
3 Knoblauchzehen
1 rote Paprikaschote
100 g Wirsing oder Weißkohl
1 Handvoll Selleriegrün
Öl zum Braten
250 g gehacktes Fleisch (Huhn, Schwein oder Rind)
100 g Sojabohnenkeimlinge
20 g getrocknete Krabben
½ TL Krabbenpaste
Salz
schwarzer Pfeffer
3 EL salzige Sojasauce
1 Eigelb
4 Frühlingsrollenblätter (20 cm Durchmesser)
1 Eiweiß, leicht geschlagen

1. Die Zwiebel schälen und fein würfeln, die Knoblauchzehen schälen und durchpressen. Die Paprikaschote, den Kohl und das Selleriegrün fein schneiden.
2. Nun 3 Eßlöffel Öl in einer Pfanne erhitzen und Zwiebel und Knoblauch darin hellgelb anbraten. Das Hackfleisch hinzufügen und unter Rühren mitbraten.
3. Nun das ganze Gemüse, die Krabben und die Gewürze hinzufügen und unter Rühren 15 Minuten garen.
4. Das Eigelb zum Fleisch geben und die Pfanne sofort vom Feuer nehmen.
5. Die Teigblätter nebeneinanderlegen und jeweils 3 bis 4 Eßlöffel der Füllung darauf geben. Die untere Seite der Teigblätter über die Füllung legen, dann die seitlichen Ränder über der Füllung zusammenklappen und das ganze Paket zusammenrollen. Den Rand mit etwas geschlagenem Eiweiß verkleben.
6. Die Frühlingsrollen in heißem Öl portionsweise goldbraun braten und mit Sambal bajak (S. 24) und Sambal oelek servieren.
(auf dem Foto: unten)

Gefüllte Omeletts
dadar isi

Für 4 Portionen
Zubereitungszeit: ca. 20 Min.
ca. 290 kcal pro Portion

6 Eier, Salz
1 kleine Zwiebel
2 Knoblauchzehen
5–6 EL Öl
1 TL Gelbwurzpulver
1 TL Kreuzkümmel
1 TL Korianderpulver
1 indonesisches Lorbeerblatt
200 g geschälte Krabben
100 ml Kokosmilch

1. Die Eier mit dem Salz verquirlen.
2. Die Zwiebel schälen und fein hacken, die Knoblauchzehen schälen und durch die Presse drücken, zusammen in etwas Öl hellgelb anbraten.
3. Alle Gewürze und die Krabben hinzufügen, unter Rühren etwa 5 Minuten braten.
4. Mit der Kokosmilch ablöschen und so lange köcheln lassen, bis die Sauce eingedickt ist.
5. In einer zweiten Pfanne etwas Öl erhitzen und nacheinander aus den Eiern vier Omeletts braten. Die Oberseite soll noch leicht flüssig sein. Jeweils einige Eßlöffel der Füllung auf die Omeletts geben und sie zusammenklappen.
6. Die Omeletts auf einer vorgewärmten Platte anrichten.
(auf dem Foto: oben)

Eier in Kokossauce

sambal goréng telor

Für 4 Portionen

Zubereitungszeit: ca. 20 Min.
ca. 185 kcal pro Portion

1 kleine Zwiebel
3 Knoblauchzehen
3 EL Öl
1–2 TL Sambal oelek
½ TL Galgantpulver
½ TL Zitronengraspulver
1 Msp. Krabbenpaste
1 indonesisches Lorbeerblatt
3–4 EL Tamarindensaft (S. 12)
Salz
1 TL Zucker
150 ml Kokosmilch
4 hartgekochte Eier

1. Die Zwiebel und den Knoblauch schälen, fein würfeln und in etwas Öl hellgelb braten.
2. Alle Zutaten bis auf Kokosmilch und Eier in die Pfanne geben und etwa 5 Minuten unter Rühren mitbraten.
3. Mit der Kokosmilch ablöschen und so lange köcheln lassen, bis die Sauce dicklich ist.
4. Die Eier halbieren oder vierteln und mit der Sauce übergießen.
(auf dem Foto: links)

MAISKÜCHLEIN
perkedel jagung

Für 4 Portionen
Zubereitungszeit: ca. 1 Std.
ca. 400 kcal pro Portion

1 Zwiebel
1 Knoblauchzehe
400 g Maiskörner
aus der Dose
2 Eier
2–3 EL Mehl
1 TL getrocknete, zerriebene
Sellerieblätter
Salz
3–4 EL Öl

1. Zwiebel und Knoblauch schälen und fein würfeln, zusammen mit den abgetropften Maiskörnern nicht zu fein pürieren.
2. Die Masse mit den Eiern und dem Mehl vermischen, mit Sellerie und Salz würzen.
3. Das Öl in einer Pfanne erhitzen. Mit zwei Löffeln Häufchen von der Maismasse abstechen und hineingleiten lassen. Etwas flach drücken und die Küchlein von beiden Seiten knusprig braun braten.
(auf dem Foto: rechts)

Gemischtes Gemüse mit Erdnuss-Sauce
gado gado

Für 4 Portionen
Zubereitungszeit: ca. 50 Min.
ca. 520 kcal pro Portion

200 g Karotten
200 g Chinakohl oder Wirsing
200 g festkochende Kartoffeln
200 g grüne Bohnen
150 g Sojabohnenkeimlinge
100 g Salatgurke
2–3 hartgekochte Eier
100 g Tofu
1 kleine Zwiebel
1 EL Öl

Für die Erdnußsauce:
4 Schalotten (oder 1 Zwiebel)
2–3 Knoblauchzehen
1 TL Sambal oelek
1 TL Krabbenpaste
2–3 EL Öl
100 g ungesalzene, fein gemahlene Erdnüsse (oder Erdnußbutter)
2 EL süße Sojasauce
1 EL Palmzucker
1–2 EL Tamarindensaft (S. 12)
3 EL Kokoscreme

1. Die Karotten waschen, schaben, quer halbieren und in schmale Stifte schneiden. Chinakohl oder Wirsing waschen und in mundgerechte Stücke schneiden, Kartoffeln waschen, Bohnen putzen.
2. Alle vorbereiteten Gemüsesorten einzeln in leicht gesalzenem Wasser knapp gar kochen. Sie sollen alle noch Biß haben.
3. Inzwischen die Sojabohnenkeimlinge, falls aus dem Glas oder der Dose, in einem Sieb abtropfen lassen.
4. Die gegarten Kartoffeln pellen, in nicht zu dünne Scheiben schneiden.
5. Die Gurke schälen und halbieren, die weiche Mitte herauskratzen, das feste Fleisch stifteln. Die Eier halbieren, den Tofu würfeln. Die Zwiebel schälen, fein hacken und im heißen Öl knusprig braun braten.
6. Für die Erdnußsauce die Schalotten schälen und fein würfeln, die Knoblauchzehen schälen und zerdrücken. Beides zusammen mit dem Sambal und der Krabbenpaste im Mörser zu einer feinen Paste zerreiben.
7. Das Öl in einer Pfanne erhitzen und die Paste darin ca. 2 Minuten unter Rühren anbraten.
8. Die gemahlenen Erdnüsse oder die Erdnußbutter mit der Sojasauce, dem Zucker, dem Tamarindensaft und der Kokoscreme in die Pfanne geben. Erhitzen, abschmecken, eventuell etwas salzen.
9. Mit 300 ml Wasser ablöschen und unter Rühren einige Minuten köcheln lassen, bis die Sauce dicklich geworden ist.
10. Das ganze Gemüse auf einer großen Platte schön anrichten und mit der gebräunten Zwiebel bestreuen. Die Erdnußsauce getrennt dazu reichen. Krupuk dazu servieren.

Feinschmecker-Tip

Man kann auch fertige Erdnußsauce im Glas oder in Tüten (zum Anrühren mit Wasser) kaufen, manchmal wird sie unter der holländischen Bezeichnung „Pindasaus“ oder „Katjangsaus“ angeboten. Katjang ist malaiisch und heißt Erdnuß.

SÜSS-SAURES GEMÜSE
acar campur

Für 10–12 Portionen
Zubereitungszeit: ca. 40 Min.
ca. 100 kcal pro Portion

je 300 g Karotten, Blumenkohl, Weißkohl, grüne Bohnen und Paprikaschoten
2 Zwiebeln
3 EL Öl
Salz
1–2 TL Gelbwurzpulver
1–2 TL Ingwerpulver
100 ml Weißweinessig
2–3 EL brauner Zucker
6–10 getrocknete Chilischoten (Peperoncino, Lombok)

1. Das ganze Gemüse waschen, putzen und in Streifen schneiden. Die Zwiebeln schälen und grob würfeln.
2. Das Öl in einem großen Topf erhitzen und die Zwiebeln darin anschwitzen. Die Gemüsesorten nacheinander einige Minuten mitbraten, und zwar zuerst die Bohnen und die Karotten, dann den Blumenkohl und den Weißkohl und zum Schluß die Paprikaschoten.
3. Mit Salz, Gelbwurz und Ingwer kräftig würzen und noch 1 Minute rühren.
4. Den Essig mit 200 ml Wasser verdünnen und zu dem Gemüse geben. Den Zucker und die Chilischoten hinzufügen und alles im geschlossenen Topf auf kleiner Flamme 10 Minuten garen. Das Gemüse soll nicht mehr roh, aber in jedem Fall noch knackig sein.
(auf dem Foto oben)

FEINSCHMECKER-TIP

Für dieses Rezept kann man statt der im Rezept genannten Gemüsesorten auch jede andere verwenden. Festes Gemüse ist grundsätzlich besser geeignet, bei weichem wie etwa bei Zucchini muß man die Garzeit entsprechend verringern.
Man kann das fertiggekochte Gemüse auch in Gläser füllen. Im Kühlschrank hält es sich ungefähr eine Woche. Wenn man es sterilisiert, ist es fast unbegrenzt haltbar.

GEBRATENER SOJABOHNENQUARK MIT ERDNUSS-SAUCE
tahu goréng

Für 4 Portionen
Zubereitungszeit: ca. 30 Min.
ca. 450 kcal pro Portion

400 g Sojabohnenquark
2 Eier
Salz
Öl oder Fritierfett zum Ausbacken
200 g Sojabohnenkeimlinge
½ Salatgurke
1 Rezept Erdnußsauce (S. 20)

1. Den Sojabohnenquark würfeln, die Eier mit etwas Salz verquirlen. Die Würfel mit einer Gabel durch die Eiermischung ziehen.
2. Das Öl oder Fritierfett auf 180° C erhitzen, die Quarkwürfel darin goldbraun ausbacken und abtropfen lassen.
3. Die gewaschenen oder abgetropften Sojabohnenkeimlinge auf einen Teller geben und die gebratenen Quarkwürfel dann darauf anrichten.
4. Die Gurke schälen, entkernen, würfeln und um die Tofuwürfel legen. Das Ganze mit der Erdnußsauce übergießen.
(auf dem Foto unten)

Würzsauce mit Fisch
sambal ikan

Für 4 Portionen
Zubereitungszeit: ca. 30 Min.
Einweichzeit für den Stockfisch: 24 Std.
ca. 320 kcal pro Portion

- *200 g Stockfisch (oder 1 Dose Thunfisch naturell)*
- *4 Schalotten*
- *4 Knoblauchzehen*
- *4 getrocknete Chilischoten*
- *4 Macadamianüsse*
- *3 EL Öl*
- *3 EL Tamarindensaft (S. 12)*
- *1–2 TL Zucker*
- *100 ml Kokosmilch (dick)*

1. Den Stockfisch gut wässern, dann kleinschneiden. Den Thunfisch nur abtropfen lassen.
2. Die Schalotten fein würfeln, den Knoblauch durchpressen, die Chilischoten zerreiben, die Nüsse fein mahlen.
3. Das Öl erhitzen und die Schalotten darin hellgelb anbraten. Knoblauch, Chilis und Nüsse hinzufügen und alles 2 bis 3 Minuten braten.
4. Den Fisch unter Rühren einige Minuten mitbraten lassen.
5. Tamarindensaft, Kokosmilch und Zucker dazugeben, alles gut mischen und dick einköcheln.
(auf dem Foto: oben links)

Pikante Zwiebelsauce
sambal bajak

Für 4–6 Portionen
Zubereitungszeit: ca. 30 Min.
ca. 105 kcal pro Portion

- *10 Schalotten oder*
- *2 große Zwiebeln*
- *3 EL Öl*
- *2–4 EL Sambal oelek*
- *½ TL Krabbenpaste*
- *Salz*
- *½ TL Zitronengraspulver*
- *3–4 EL Tamarindensaft (S. 12)*
- *1–2 EL brauner Zucker*
- *eventuell 1 EL Kokoscreme*

1. Die Schalotten oder die Zwiebeln schälen und fein hacken. Im heißen Öl unter Rühren sehr braun braten.
2. Nun die übrigen Zutaten (je nach Geschmack auch die Kokoscreme) hinzufügen und alles unter ständigem Rühren etwa 5 bis 10 Minuten köcheln lassen.
(auf dem Foto: oben rechts)

Feinschmecker-Tip
Sambal bajak kann man zu allen indonesischen Gerichten servieren. Im Kühlschrank hält sich die Sauce in einem Schraubglas mehrere Wochen. Man kann alle Sambals auch in größeren Mengen herstellen und portionsweise einfrieren.

Würzsauce
sambal kecap

Für 4 Portionen
Zubereitungszeit: ca. 10 Min.
ca. 30 kcal pro Portion

- *4 Schalotten oder*
- *1 Zwiebel*
- *4 Knoblauchzehen*
- *4 getrocknete Chilischoten*
- *Saft von 1 Limette*
- *oder 1 Zitrone*
- *4–6 EL süße Sojasauce*

1. Die Schalotten schälen und sehr fein würfeln, die Knoblauchzehen schälen und durch eine Presse drücken, die Chilischoten zerreiben.
2. Limetten- oder Zitronensaft und Sojasauce dazugeben und alles mischen. Eventuell 2 bis 3 Eßlöffel Wasser hinzufügen.
(auf dem Foto: unten)

Feinschmecker-Tip
Diese Sauce paßt zu allen indonesischen Gerichten, besonders zu Fleischspießen (S. 41 und S. 44) und zu gebratenem Reis (S. 61).

Hühnersuppe

soto ayam

Für 4 Portionen

Zubereitungszeit: ca. 2 Std.
ca. 490 kcal pro Portion

1 kleines, küchenfertiges Suppenhuhn (ca. 1 kg)
2 Zwiebeln
3 Knoblauchzehen
3 Macadamianüsse
2–3 EL Öl
1–2 TL Gelbwurzpulver
1 TL Galgantpulver
1 TL Zitronengraspulver
1 TL Ingwerpulver
1 Lauchstange
100 g Sojabohnenkeimlinge
einige fein geschnittene Sellerieblätter
1 große, unbehandelte Zitrone
1–2 EL süße Sojasauce

1. Das Huhn knapp mit Wasser bedeckt in ca. 1½ Stunden gar kochen. Herausnehmen, das Fleisch von den Knochen lösen, häuten, in mundgerechte Stücke schneiden und beiseite stellen.
2. Die Zwiebeln schälen und fein würfeln, die Knoblauchzehen schälen und durch eine Presse drükken, die Nüsse mahlen.
3. Die Zwiebeln im heißen Öl anschwitzen, dann die Hälfte der gebratenen Zwiebeln herausnehmen und beiseite stellen. Zum Rest Knoblauch, Nüsse und Gewürze hinzufügen und 3 Minuten mitbraten.
4. Diese Mischung in die (entfettete) Hühnerbrühe geben.
5. Die Lauchstange waschen und in hauchfeine Ringe schneiden, mit den gewaschenen oder abgetropften Sojabohnenkeimlingen und den Sellerieblättern zur Suppe geben und salzen.
6. Die beiseite gestellten Zwiebeln in der Pfanne goldbraun braten.
7. Das Hühnerfleisch wieder in die Suppe geben und heiß werden lassen.
8. Die Suppe mit Sojasauce abschmecken. Die Zitrone in hauchdünne Scheiben schneiden.
9. Die Suppe auf Teller verteilen, die Zitronenscheiben hinzufügen und die gerösteten Zwiebeln darüberstreuen.
(auf dem Foto oben)

Krabbensuppe

sop udang

Für 4 Portionen

Zubereitungszeit: ca. 30 Min.
ca. 245 kcal pro Portion

5 Schalotten oder 2 Zwiebeln
2 Knoblauchzehen
3 Macadamianüsse
2 EL Öl, 1 TL Sambal oelek
½ TL Korianderpulver
½ TL Krabbenpaste, Salz
600–700 ml Fischbrühe
200 g grüne Bohnen
1 grüne Paprikaschote
3 EL Tamarindensaft (S. 12)
20 g Kokoscreme
400 g große, ausgelöste Krabben (Shrimps)

1. Die Schalotten oder die Zwiebeln schälen und fein würfeln, den Knoblauch schälen und zerdrücken, die Nüsse mahlen.
2. Die Schalotten oder die Zwiebeln in heißem Öl hellbraun anbraten, dann den Knoblauch kurz mitbraten.
3. Den Sambal mit Koriander, Krabbenpaste, den Nüssen und Salz vermengen und im Topf 5 Minuten braten lassen.
4. Die Brühe dazugießen und heiß werden lassen.
5. Die Bohnen putzen, in 2 cm lange Stücke schneiden, zur Suppe geben und 10 Minuten köcheln lassen.
6. Die Paprikaschote waschen und würfeln, mit Tamarindensaft, Kokoscreme und den Krabben in den Topf geben und noch 5 Minuten ziehen lassen.
(auf dem Foto unten)

Geflügel und Fleisch

Nicht nur Geflügel läßt sich in unzähligen delikaten Variationen zubereiten. Auch Rind-, Schweine- und Lammfleisch gehen mit den pikanten indonesischen Gewürzen sehr schmackhafte Verbindungen ein.

Ente in würziger Sauce
bumbu bébék

Für 4 Portionen
Zubereitungszeit: ca. 2½ Std.
ca. 900 kcal pro Portion

1 küchenfertige Ente von etwa 2 kg
Salz
1–2 EL Pfefferkörner
1–2 EL Korianderkörner
5 cm Zimtstange
2 Zwiebeln
4–6 Knoblauchzehen
4 grüne Chilischoten
3 grüne Paprikaschoten
Öl zum Braten
1 TL Galgantpulver
1 TL Zitronengraspulver
1–2 TL Ingwerpulver
200 ml Tamarindensaft (S. 12)
1 indonesisches Lorbeerblatt
1 Zitronenblatt
2–3 TL Palmzucker

1. Die Ente waschen und überhängende Fett- und Hautlappen abschneiden. In einen großen Topf legen und knapp mit kaltem Wasser bedecken.
2. Salz, Pfeffer, Koriander und Zimt hinzufügen und das Wasser zum Kochen bringen. Dann die Hitze herunterschalten und die Ente 1½ Stunden köcheln lassen, sie dabei öfter wenden. Sie darf noch nicht ganz gar werden.
3. Die Ente aus der Brühe nehmen, etwas abkühlen lassen und in Keulen, Brustfleisch und Flügel teilen. Die Brühe entfetten und aufheben.
4. Die Zwiebeln schälen und fein würfeln, den Knoblauch schälen und durchpressen. Die Chilischoten entkernen und in dünne Ringe schneiden, die Paprikaschoten waschen und würfeln.
5. Die Zwiebeln in etwas heißem Öl anbraten. Die Ententeile hinzufügen und goldbraun werden lassen.
6. Knoblauch mit Galgant, Zitronengras und Ingwer zu einer Paste verrühren, in die Pfanne geben und kurz mitbraten. Chilis und Paprikaschoten 2 Minuten mitbraten.
7. Mit 100 ml der Entenbrühe und auch mit dem Tamarindensaft aufgießen, Lorbeer- und Zitronenblatt sowie den Palmzucker dazugeben, umrühren und zugedeckt in ca. 30 Minuten vollends gar werden lassen.
8. Die Ententeile auf einer Platte anrichten, die Sauce eventuell noch einmal entfetten und über die Ententeile gießen.
(auf dem Foto: unten)

Gebratene Ente
bébék goréng

Für 4 Portionen
Zubereitungszeit: ca. 2 Std.
ca. 795 kcal pro Portion

1 küchenfertige Ente (ca. 2 kg)
2 Knoblauchzehen
Salz
1 TL gemahlener Pfeffer
1 TL Ingwerpulver
2–3 EL süße Sojasauce
1 TL Palmzucker

1. Den Ofen auf 250° C vorheizen. Die Ente waschen und abtrocknen. Überhängende Fett- und Hautteile abschneiden.
2. Die Knoblauchzehen schälen, durchpressen und mit Salz, Pfeffer, Ingwer, Sojasauce und Zucker zu einer Paste verrühren. Die Ente damit einreiben.
3. Die Ente auf einen Rost legen und auf der mittleren Einschubleiste in den Ofen schieben und sie in 1½ bis 2 Stunden knusprig braun braten. Nach 1 Stunde die Temperatur auf 200° C zurückschalten. Während des Bratens die Ente öfter wenden und mit dem austretenden Fett bepinseln.
(auf dem Foto: oben)

Huhn in pikanter Sauce

pindang ayam

Für 4 Portionen

Zubereitungszeit: ca. 1½ Std.
ca. 445 kcal pro Portion

1 küchenfertiges Huhn (1,5 kg)
Salz
2 Zwiebeln
4 Knoblauchzehen
3 Macadamianüsse
3 EL Öl
1 TL Gelbwurzpulver
1 TL Galgantpulver
1 TL Zitronengraspulver
1–2 TL Sambal oelek
1 TL Krabbenpaste
3–4 EL Tamarindensaft (S. 12)
3–4 EL süße Sojasauce

1. Das Huhn waschen, abtrocknen und in 4 bis 6 Teile zerlegen. Diese mit Salz einreiben.
2. Die Zwiebeln schälen und fein würfeln, die Knoblauchzehen schälen und durch eine Presse drükken, die Macadamianüsse fein mahlen.
3. Das Öl in einem Topf erhitzen und die Zwiebeln darin hellgelb anschwitzen. Den Knoblauch hinzufügen und kurz mitbraten.
4. Gelbwurz, Galgant, Zitronengras, Sambal oelek und Krabbenpaste in den Topf geben und dann alles 3 bis 4 Minuten mitschmoren.
5. Den Tamarindensaft und die Sojasauce hinzufügen, einen knappen ½ l Wasser angießen und aufkochen lassen.
6. Die Hühnerteile in die Sauce legen und sie in ca. 45 Minuten gar kochen. Die Sauce soll zum Schluß recht dickflüssig sein. Dazu passen Reis und Krupuk.

Feinschmecker-Tip

Auf dieselbe Art lassen sich auch Rindfleisch und Fisch in pikanter Sauce zubereiten, nur ändern sich die Garzeiten entsprechend. Bei Fisch braucht man außerdem auch etwas weniger Wasser.

Huhn mit Ingwer
ayam paniki

Für 4 Portionen
Zubereitungszeit: ca. 1¼ Std.
ca. 440 kcal pro Portion

4 große oder 8 kleine Hühnerkeulen
Salz
1 Zwiebel
40 g frischer Ingwer
3 Knoblauchzehen
3 Macadamianüsse
3 EL Öl
1 Zitronenblatt
½ TL Zitronengraspulver
3 EL Tamarindensaft (S. 12)
150 ml Kokosmilch

1. Die Hühnerkeulen waschen und mit Salz einreiben. Die Zwiebel würfeln, den Ingwer schälen und reiben. Den Knoblauch durchpressen und die Nüsse mahlen.
2. Das Öl in einer Pfanne erhitzen, Zwiebel und Ingwer darin anbraten. Dann Knoblauch und gemahlene Nüsse 2 bis 3 Minuten mitbraten.
3. Zitronenblatt und -gras sowie die Hühnerkeulen hinzufügen und unter häufigem Wenden 5 Minuten braten.
4. Tamarindensaft und Kokosmilch angießen und alles ca. 45 Minuten zugedeckt köcheln lassen; wenn nötig, etwas Wasser hinzufügen.
(auf dem Foto: Mitte)

Gebratenes Huhn mit Zwiebeln
ayam bumbu rujak

Für 4 Portionen
Zubereitungszeit: ca. 2 Std.
ca. 400 kcal pro Portion

1 küchenfertiges Huhn (1,2 kg)
Salz
Saft von 1 Zitrone
Öl zum Braten
6 rote Zwiebeln
3 Knoblauchzehen
1–2 TL Sambal oelek
1 TL Galgantpulver
1 TL Zitronengraspulver
3 EL Tamarindensaft (S. 12)
2 EL Kokoscreme

1. Das Huhn in 4 bis 6 Teile zerlegen, mit Salz und Zitronensaft einreiben und in heißem Öl rundum knusprig braun braten.
2. Die Zwiebeln schälen, in dünne Ringe schneiden, den Knoblauch durchpressen.
3. Die Zwiebeln in etwas Öl goldbraun braten, Knoblauch, Sambal oelek, Galgant und Zitronengras hinzufügen und kurz mitbraten.
4. Tamarindensaft, Kokoscreme und ca. 300 ml Wasser angießen und aufkochen lassen.
5. Die Hühnerteile in der Sauce zugedeckt in ca. ½ Stunde fertig garen, sie dabei ab und zu wenden.
(auf dem Foto: oben)

Huhn in Kokossauce
opor ayam

Für 4 Portionen
Zubereitungszeit: ca. 1½ Std.
ca. 500 kcal pro Portion

1 küchenfertiges Huhn (1,5 kg)
Salz
2 Zwiebeln
4 Knoblauchzehen
4 Macadamianüsse
3 EL Öl
1 TL Korianderpulver
1 TL Galgantpulver
1 TL Zitronengraspulver
1–2 Zitronenblätter
1–2 TL Zucker
3–4 EL Tamarindensaft (S. 12)
3 EL Kokoscreme

1. Das Huhn waschen, abtrocknen, in 4 bis 6 Teile zerlegen und mit Salz einreiben. Die Zwiebeln würfeln, den Knoblauch durchpressen, die Nüsse mahlen.
2. Das Öl in einem Topf erhitzen, die Zwiebeln darin anbräunen und den Knoblauch kurz mitbraten.
3. Nüsse, Koriander, Galgant, Zitronengras und -blätter hinzufügen und kurz mitschmoren.
4. Zucker, Tamarindensaft, Kokoscreme und knapp ½ l Wasser angießen und alles aufkochen lassen.
5. Die Hühnerteile in die Sauce legen und in ca. 1 Stunde gar kochen.
(auf dem Foto: unten)

Rindfleisch in Kokosmilch

rendang

Für 4 Portionen

Zubereitungszeit: 3–4 Std.
ca. 870 kcal pro Portion

1 kg Rindfleisch (Bein, Schulter, Brust)
1 große Zwiebel
20 g frischer Ingwer
4 Knoblauchzehen
300 g Kokoscreme
Salz
1–3 EL Sambal oelek
1 TL Galgantpulver
1 TL Zitronengraspulver
1 indonesisches Lorbeerblatt
1 TL Gelbwurzpulver

1. Das Fleisch in große Würfel schneiden. Zwiebel und Ingwer grob würfeln, den Knoblauch durch die Presse drücken.
2. Die Kokoscreme mit Wasser auf etwa ¾ l auffüllen und über das Fleisch geben. Alle anderen Zutaten hinzufügen, aufwallen lassen, dann die Hitze zurückschalten.
3. Im offenen Topf ca. 2½ Stunden köcheln lassen, dabei oft umrühren. Dann das Fleisch noch 1 Stunde unter häufigem Rühren schmoren, bis die Flüssigkeit ganz eingekocht und das Gericht vollkommen trocken und schön goldbraun ist.
(auf dem Foto oben: rechts)

Säuerlich-süsses Rindfleisch

daging asem manis

Für 4 Portionen

Zubereitungszeit: ca. 30 Min.
ca. 490 kcal pro Portion

800 g mageres Rindfleisch (Rumpsteak oder Beefsteak)
2 große Zwiebeln
4 Knoblauchzehen
4 frische grüne Chilis
6 EL Öl
Salz
1–2 TL Ingwerpulver
5–6 EL Tamarindensaft (S. 12)
2–3 EL brauner Zucker

1. Das Fleisch in dünne Streifen schneiden. Die Zwiebeln schälen und würfeln, den Knoblauch durchpressen. Die Chilis längs aufschlitzen und die Kerne entfernen.
2. Nun 3 Eßlöffel Öl erhitzen, die Zwiebeln darin anbräunen, den Knoblauch und die Chilis hinzufügen und 2 Minuten mitbraten.
3. In einer zweiten Pfanne im restlichen Öl die Fleischstreifen rasch anbraten, mit Salz und Ingwer würzen. Die Zwiebelmischung zum Fleisch geben, den Tamarindensaft und den Zucker hinzufügen und alles unter Rühren 2 bis 3 Minuten köcheln lassen.
(auf dem Foto oben: links)

Geschmorte Leber

sambal goréng ati

Für 4 Portionen

Zubereitungszeit: ca. 20 Min.
Marinierzeit: 2–3 Std.
ca. 335 kcal pro Portion

800 g Rinds- oder Hühnerleber
6–8 EL Tamarindensaft (S. 12)
1 Zwiebel
3 Knoblauchzehen
3 EL Öl
Salz
½ TL Galgantpulver
1 indonesisches Lorbeerblatt
1 TL Sambal oelek

1. Die Leber in größere Stücke schneiden und im Tamarindensaft 2 bis 3 Stunden marinieren. Gut abtropfen lassen, die Flüssigkeit aufheben.
2. Die Zwiebel fein hakken, den Knoblauch durchpressen. Die Zwiebel im heißen Öl hellgelb anschwitzen, den Knoblauch hinzufügen.
3. Die Leberstücke zu den Zwiebeln geben und unter häufigem Wenden von allen Seiten leicht braun braten.
4. Die Einweichflüssigkeit dazugießen, mit Salz, Galgant, Lorbeerblatt und Sambal oelek würzen und die Leber noch 2 bis 3 Minuten schmoren, bis sie gar ist.
(auf dem Foto: unten)

Geschmorte Fleischwürfel mit grünen und roten Bohnen

sambal goréng krécék

Für 4 Portionen
Zubereitungszeit: ca. 2 Std.
ca. 655 kcal pro Portion

700 g mageres Rindfleisch (Gulaschfleisch)
2 Zwiebeln
4 Knoblauchzehen
5 EL Öl
Salz
3–4 EL Kokoscreme
1 indonesisches Lorbeerblatt
1 TL Zitronengraspulver
1 TL Galgantpulver
1 TL Glutamat
150 g grüne Bohnen
1 kleine Dose rote Bohnen (220 g Einwaage)
kroß gebratene Schwarten (siehe Feinschmecker-Tip, rechts)

1. Das Fleisch in mundgerechte Würfel schneiden, die Zwiebeln und die Knoblauchzehen schälen und fein hacken.
2. Nun 2 Eßlöffel Öl in einer Pfanne erhitzen und die Zwiebeln darin hellbraun anbraten, den Knoblauch hinzufügen und 1 Minute mitbraten.
3. In einer zweiten Pfanne das restliche Öl erhitzen und darin die Fleischwürfel von allen Seiten scharf anbraten. Salzen und die Zwiebel-Knoblauch-Mischung dazugeben.
4. Mit knapp 1/2 l Wasser ablöschen, die Kokoscreme und die Gewürze hinzufügen und alles zugedeckt ca. 1 1/2 Stunden leise köcheln lassen. Ab und zu umrühren.
5. In der Zwischenzeit die grünen Bohnen waschen, putzen und in 2 cm lange Stücke schneiden. Die roten Bohnen in einem Sieb abtropfen lassen.
6. Die grünen Bohnen zum Fleisch geben und weitere 15 Minuten garen. 5 Minuten vor Ende der Garzeit die abgetropften roten Bohnen in die Pfanne geben und anschließend in der Sauce heiß werden lassen.
7. Mit der in kleine Würfelchen geschnittenen kroß gebratenen Schwarte bestreuen.

Feinschmecker-Tip

In Indonesien wird zur Garnierung der gebratenen Fleischwürfel kroß gebratene Rinderhaut verwendet. Bei uns kann man sich mit Schweineschwarten oder kroß gebratener Hühner- oder Entenhaut behelfen.

Gedünstete Fleischküchlein
gadon

Für 4 Portionen
Zubereitungszeit: ca 45 Min.
ca. 320 kcal pro Portion

850 g Rinderhackfleisch
1 große Zwiebel
je 1/4 grüne und rote Paprikaschote
3–4 Knoblauchzehen
Salz
1 Ei
30 g gemahlene Macadamianüsse
1 EL Korianderpulver
1 EL Kreuzkümmel
knapp 1/2 l Kokosmilch
2 indonesische Lorbeerblätter
2 Zitronenblätter (ersatzweise abgeriebene Zitronenschale)

1. Das Hackfleisch in eine Schüssel geben. Zwiebel und Paprika fein würfeln, den Knoblauch durch die Presse drücken.
2. Zwiebel, Paprika, Knoblauch, Salz, Ei, Nüsse und Gewürze zum Fleisch geben, alles gut vermengen und kleine flache Küchlein formen.
3. In einer großen Pfanne die Kokosmilch mit etwas Salz, den Lorbeer- und den Zitronenblättern zum Kochen bringen und die Fleischlaibchen darin bei milder Hitze garen.
(auf dem Foto: links)

Marinierte Schweinefleisch-Spiesse

saté babi manis

Für 4 Portionen

Zubereitungszeit: ca. 25 Min.
Marinierzeit: 1–2 Std.
ca. 580 kcal pro Portion

1 kg Schweineschnitzel am Stück
6 Knoblauchzehen
4 EL Öl
4–6 EL süße Sojasauce
1–2 EL brauner Zucker
Salz
Saft von 1 Zitrone

1. Das Fleisch in mundgerechte Würfel schneiden.
2. Den Knoblauch durchpressen und mit den anderen Zutaten zu einer Marinade vermengen. Das Fleisch darin 1 bis 2 Stunden ziehen lassen.
3. Die Fleischstücke auf kleine Holzspieße stecken und auf dem Holzkohlengrill in 15 Minuten knusprig braun grillen oder sie in der Pfanne braten. Dabei oft wenden und mit der Marinade bepinseln.
4. Mit Erdnußsauce (Rezept S. 20) servieren.
(auf dem Foto: rechts)

Schweinefleisch in saurer Sauce

acar babi

Für 4 Portionen

Zubereitungszeit: ca. 45 Min.
ca. 620 kcal pro Portion

- *1 kg mageres Schweinefleisch (Kotelett oder Schnitzel)*
- *1 große Zwiebel*
- *20 g frischer Ingwer*
- *5 Knoblauchzehen*
- *3–4 EL Öl*
- *1–2 TL Zitronengraspulver*
- *1 EL Gelbwurzpulver*
- *Salz*
- *4 gemahlene Macadamianüsse*
- *3–4 EL Essig*
- *1–2 EL Zucker*

1. Das Fleisch in schmale, mundgerechte Streifen schneiden. Die Zwiebel und den Ingwer schälen und beides fein würfeln, den Knoblauch schälen und durchpressen.
2. Das Öl in einer Pfanne erhitzen und Zwiebeln und Ingwer darin hellgelb anbraten. Das Fleisch hinzufügen und 3 bis 4 Minuten auf großer Flamme unter Wenden kräftig anbraten. Nun Knoblauch, Zitronengras und Gelbwurz hinzufügen, alles salzen und weitere 5 Minuten bei Mittelhitze braten.
3. Die Nüsse dazugeben und alles gut durchrühren.
4. Mit ca. 300 ml Wasser ablöschen und Essig und Zucker hinzufügen. Alles offen 15 Minuten köcheln lassen, eventuell noch etwas Wasser dazugeben. Als geschmackliche Ergänzung eignet sich Sambal oelek oder Sambal manis.
(auf dem Foto: oben)

Feinschmecker-Tip

Statt Schweinefleisch können Sie auch Kalb- oder Putenfleisch nehmen. Auch mit Fischfilet (Rotbarsch, Lachs, Seelachs) schmeckt das Gericht ausgezeichnet. Verringern Sie dann aber die Garzeit, damit der Fisch nicht verkocht. Als Beilage zu dem Gericht passen der aromatische Reis (S. 58) sowie gekochter Klebreis.

Schweinsragout mit Gemüse

rica-rica

Für 4 Portionen

Zubereitungszeit: ca 45 Min.
ca. 460 kcal pro Portion

- *800 g mageres Schweinefleisch (Schnitzel)*
- *2 große Zwiebeln*
- *4 Knoblauchzehen*
- *4 Tomaten*
- *2 grüne Paprikaschoten*
- *3 EL Öl*
- *Salz*
- *2–3 TL Ingwerpulver*
- *2–3 TL Sambal oelek*

1. Das Fleisch in schmale Streifen schneiden. Die Zwiebeln und den Knoblauch schälen und fein würfeln. Die Tomaten und die Paprikaschoten waschen und grob würfeln.
2. Das Öl in einem Topf erhitzen und die Zwiebeln darin hellgelb anbraten. Das Fleisch und den Knoblauch hinzufügen und unter Rühren so lange braten, bis alles schön braun geworden ist.
3. Salz, Ingwer sowie den Sambal hinzufügen und umrühren.
4. Die Tomaten- und die Paprikawürfel in den Topf geben, mit ca. ¼ l Wasser ablöschen und zugedeckt 30 Minuten köcheln lassen.
(auf dem Foto: unten)

Variation

Statt des mageren Schweinefleisches können Sie auch Putenbrust nehmen.

Lammspiesse
saté kambing

Für 4 Portionen
Zubereitungszeit: ca. 30 Min.
Marinierzeit: 3–4 Std.
ca. 270 kcal pro Portion

- *800 g Lammfilet*
- *4 Schalotten*
- *6 Knoblauchzehen*
- *1 TL Korianderpulver*
- *1 EL Zucker*
- *1 Msp. Galgantpulver*
- *Salz*
- *2–3 EL süße Sojasauce*
- *Saft von 2 Zitronen*

1. Das Lammfilet in mundgerechte Würfel schneiden.
2. Schalotten und Knoblauch sehr fein würfeln, mit allen anderen Zutaten zu einer Marinade verrühren und das Fleisch 3 bis 4 Stunden unter mehrmaligem Wenden darin ziehen lassen.
3. Das Fleisch auf kleine Holzspieße stecken und von allen Seiten knusprig braun grillen oder in der Pfanne braten.
Dazu Erdnußsauce (S. 20) servieren.
(auf dem Foto: rechts)

Süss-saures Lammfleisch
kambing asem manis

Für 4 Portionen
Zubereitungszeit: ca. 2 Std.
ca. 780 kcal pro Portion

- *1 kg Lammfleisch (Keule)*
- *2 Zwiebeln*
- *30 g frischer Ingwer*
- *4 Knoblauchzehen*
- *4–5 frische rote Chilischoten (ersatzweise 3–4 getrocknete)*
- *3–4 EL Öl*
- *Salz*
- *1 TL schwarzer Pfeffer*
- *1 TL Korianderpulver*
- *1 TL Kreuzkümmel*
- *1 TL Zitronengraspulver*
- *Saft von 1 Limette oder Zitrone*
- *2 EL Essig*
- *3 EL süße Sojasauce*
- *2–3 EL brauner Zucker*

1. Das Fleisch in mundgerechte Würfel schneiden, die Zwiebeln und den Ingwer schälen und fein würfeln, den Knoblauch schälen und durchpressen. Die Chilischoten waschen, entkernen und in 1 cm breite Ringe schneiden.
2. Das Öl in einem Topf erhitzen und Zwiebeln und Ingwer darin hellgelb braten. Das Fleisch hinzufügen und alles auf großer Flamme schön braun braten, dabei häufig wenden. Dann den Knoblauch dazugeben und kurz mitbraten.
3. Die Chiliringe in den Topf geben. Mit Salz, Pfeffer, Koriander, Kreuzkümmel und Zitronengras gut würzen.
4. Den Limettensaft, den Essig, die Sojasauce und ca. 1/4 l Wasser hinzufügen, den Zucker einrühren, alles aufkochen lassen und zugedeckt auf kleiner Flamme ungefähr 1 1/2 Stunden garen, dabei immer wieder umrühren. Sollte die Sauce zu dick werden, muß man eventuell noch mehr Wasser angießen.
(auf dem Foto: links)

Variation
Statt des Lammfleisches läßt sich auch Ziegenfleisch verwenden. Wer keines von beiden mag, kann Schweinefleisch oder Putenbrust nehmen, dann ändern sich allerdings die Garzeiten.

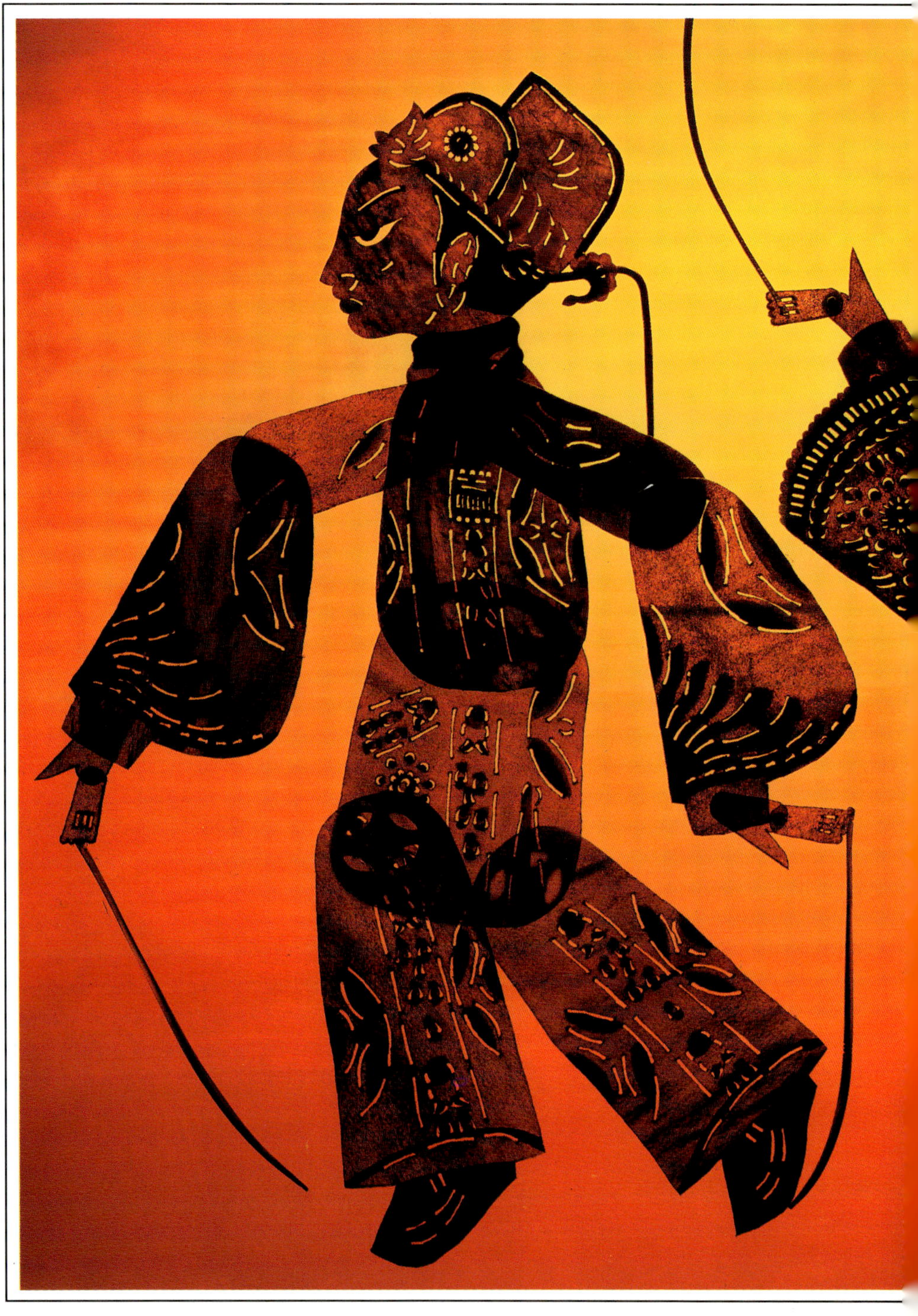

FISCH UND MEERES-FRÜCHTE

Auf den indonesischen Märkten werden trotz des Küstenfischfangs meist Süßwasserfische angeboten. Aber ob Süß- oder Meerwasserfisch – köstlich und dabei leicht und gesund sind alle hier beschriebenen Gerichte.

Fisch mit Krabben

goréng ikan udang

Für 4 Portionen

Zubereitungszeit: ca. 45 Min.
Marinierzeit: ca. 2–3 Std.
ca. 455 kcal pro Portion

800 g Fischfilet (Kabeljau, Dorsch, Schellfisch oder Steinbutt)
etwas Mehl
Öl zum Braten

Für die Marinade:

3 Knoblauchzehen
5–6 EL Tamarindensaft (S. 12)
½ TL Gelbwurzpulver
1 TL Zitronengraspulver
Salz

Außerdem:

2 große Zwiebeln
30 g frischer Ingwer
4–6 frische grüne Chilischoten
2 grüne Paprikaschoten
100 g ausgelöste Krabben
1 TL Krabbenpaste
Saft von 1 Zitrone
4–5 EL süße Sojasauce
Salz

1. Das Fischfilet in mundgerechte gleich große Stücke schneiden.
2. Für die Marinade die Knoblauchzehen durchpressen und mit den anderen Zutaten verrühren. Die Fischstücke 2 bis 3 Stunden in der Marinade ziehen lassen, dann abtrocknen und im Mehl wenden; überschüssiges Mehl abklopfen. Die Marinade aufbewahren.
3. Das Öl in einer Pfanne erhitzen und die Fischstücke darin knusprig ausbraten. Herausnehmen und warm stellen.
4. Die Zwiebeln und den Ingwer schälen und fein würfeln, die Chilischoten waschen, entkernen und in feine Ringe schneiden, die Paprikaschoten waschen, entkernen und würfeln.
5. Eventuell noch etwas Öl in die Pfanne geben und Zwiebeln und Ingwer hellgelb anbraten. Die Chilis und den Paprika dazugeben und unter Rühren 2 bis 3 Minuten mitbraten, dann die Krabben und die Krabbenpaste hinzufügen und kurz mitbraten.
6. Mit der Marinade ablöschen und den Zitronensaft sowie die Sojasauce angießen. Mit Salz abschmecken.
7. Die Fischfilets auf einer Platte anrichten und die Sauce darübergießen.
(auf dem Foto: unten)

Gebackener Karpfen

ikan blado

Für 4 Portionen

Zubereitungszeit: ca. 45 Min.
ca. 350 kcal pro Portion

1 küchenfertiger Karpfen (ca. 1,2 kg)
Salz, Mehl
Öl zum Braten
2 Zwiebeln
3 Knoblauchzehen
1–2 TL Sambal oelek
Koriandergrün (Cilantro), ersatzweise glatte Petersilie

1. Den Fisch innen und außen salzen, in Mehl wälzen und überschüssiges Mehl abklopfen.
2. Reichlich Öl in einer tiefen Pfanne erhitzen und den Fisch darin auf jeder Seite ca. 15 Minuten backen. Auf Küchenkrepp abtropfen lassen.
3. Inzwischen die Zwiebeln fein würfeln und den Knoblauch durchpressen. Die Zwiebeln in etwas Öl anbraten, dann den Knoblauch kurz mitbraten. Den Sambal oelek in die Pfanne geben und alles vermengen.
4. Den Karpfen auf einer Platte anrichten und die Zwiebelmischung darübergießen. Mit Koriandergrün oder Petersilie bestreuen.
(auf dem Foto: oben)

Fischcurry
kari ikan

Für 4 Portionen
Zubereitungszeit: ca. 30 Min.
ca. 240 kcal pro Portion

- *800 g Steinbuttfilet (oder ein anderes festes Fischfilet)*
- *6 Schalotten oder 2 Zwiebeln*
- *4 Knoblauchzehen*
- *4–5 EL Öl*
- *1 TL Ingwerpulver*
- *1 TL Zitronengraspulver*
- *1 indonesisches Lorbeerblatt*
- *3–4 grüne Chilischoten*
- *100 ml Tamarindensaft (S. 12)*
- *Salz*
- *Koriandergrün oder glatte Petersilie*

1. Das Fischfilet kurz waschen, trockentupfen und in mundgerechte Würfel schneiden.
2. Die Schalotten oder die Zwiebeln schälen und fein würfeln, den Knoblauch schälen und durchpressen.
3. Das Öl in einer Pfanne erhitzen und die Fischstükke darin vorsichtig von allen Seiten anbraten. Herausnehmen und warm stellen.
4. In dem verbliebenen Fett die Zwiebeln hellbraun braten, dann den Knoblauch hinzufügen und kurz mitbraten.
5. Nun Ingwer, Zitronengras und Lorbeerblatt hinzufügen und alles weitere 2 bis 3 Minuten schmoren. Die Chilischoten waschen, entkernen, in dünne Ringe schneiden und ebenfalls in die Pfanne geben.
6. Die Fischstücke wieder in die Pfanne geben und den Tamarindensaft angießen. Das Gericht salzen und einige Minuten garen lassen.
7. Mit dem Koriandergrün bestreut servieren.
(auf dem Foto oben)

Feinschmecker-Tip
Anstelle des Fisches kann man auch Krabben verwenden. Sie brauchen aber nicht erst angebraten zu werden, sondern man läßt sie nur kurz mit den Gewürzen schmoren und gießt dann den Tamarindensaft an.

Fisch in Kokossauce
pépés ikan

Für 4 Portionen
Zubereitungszeit: ca. 45 Min.
ca. 270 kcal pro Portion

- *800 g Fischfilet*
- *Salz*
- *Saft von 1 Zitrone*
- *1 Zwiebel*
- *3 Knoblauchzehen*
- *Öl zum Braten*
- *3 gemahlene Macadamianüsse*
- *1 TL Gelbwurzpulver*
- *1 TL Galgantpulver*
- *1 TL Zitronengraspulver*
- *3 getrocknete Chilis*
- *1 indonesisches Lorbeerblatt*
- *400 ml Kokosmilch*

1. Den Ofen auf 250° C vorheizen.
2. Das Fischfilet würfeln, mit Salz und Zitronensaft einreiben und in eine feuerfeste Form geben.
3. Die Zwiebel würfeln, den Knoblauch durchpressen, beides im heißen Öl hellgelb andünsten.
4. Die Nüsse und die Gewürze dazugeben. Alles 3 bis 4 Minuten unter Rühren braten.
5. Die Kokosmilch angießen und die Sauce auf kleiner Flamme 10 bis 15 Minuten köcheln und dabei leicht eindicken lassen.
6. Die Sauce über die Fischwürfel gießen und im Ofen 10 bis 15 Minuten garen.
(auf dem Foto unten)

Gebratener Fisch auf balinesische Art
ikan bumbu bali

Für 4 Portionen
Zubereitungszeit: ca. 30 Min.
ca. 335 kcal pro Portion

800–1000 g festes Fischfilet
(z. B. Kabeljau, Lachs,
Seelachs)
Öl zum Braten
Salz

Für die Sauce:
1 große Zwiebel
20 g frischer Ingwer
5 Knoblauchzehen
3–4 EL Öl
1 TL Galgantpulver
1 TL Zitronengraspulver
Salz
1 EL Zucker
1 indonesisches Lorbeerblatt
2 EL Essig
1–2 EL süße Sojasauce
1–2 TL Sambal oelek
1–2 TL Krabbenpaste

1. Die Fischfilets waschen, trockentupfen und in mundgerechte Stücke schneiden. Den Fisch in heißem Öl von beiden Seiten braten, leicht salzen und warm stellen.
2. Die Zwiebel und den Ingwer schälen und fein würfeln, die Knoblauchzehen schälen und durchpressen.
3. Das Öl in einer Pfanne erhitzen und die Zwiebel darin hellgelb werden lassen. Den Ingwer hinzufügen und 2 bis 3 Minuten mitbraten, dann den Knoblauch in die Pfanne geben und kurz mitbraten.
4. Galgant, Zitronengras und etwas Salz dazugeben und weitere 2 Minuten unter Rühren braten, dann mit 200 ml Wasser ablöschen und alle anderen Würzzutaten dazugeben. Umrühren und offen 10 Minuten köcheln lassen, bis die Sauce ein wenig eingedickt ist.
5. Den Fisch in die Sauce geben, noch einmal erhitzen und servieren.

HUMMERKRABBEN MIT GRÜNEN BOHNEN
sambal goréng udang buncis

Für 4 Portionen
Zubereitungszeit: ca. 30 Min.
ca. 330 kcal pro Portion

5–6 EL Öl
20–24 rohe Hummerkrabben (ohne Schale, aber mit Schwanz)
1 Zwiebel
4 Knoblauchzehen
200 g grüne Bohnen
1 TL Galgantpulver
1 TL Zitronengraspulver
1 TL Sambal oelek
½ TL Krabbenpaste
Salz, 1 TL Zucker
3–4 EL Tamarindensaft (S. 12)
200–300 ml Kokosmilch
1 indonesisches Lorbeerblatt

1. In einer Pfanne 3 bis 4 Eßlöffel Öl erhitzen und die Hummerkrabben darin kurz von beiden Seiten anbraten. Herausnehmen und warm stellen.
2. Die Zwiebel schälen und fein würfeln, den Knoblauch schälen und durchpressen, die Bohnen putzen und in Stücke schneiden.
3. Die Zwiebel im restlichen Öl hellbraun braten, dann den Knoblauch dazugeben und kurz mitbraten. Galgant, Zitronengras, Sambal oelek und die Krabbenpaste in die Pfanne geben und weitere 2 bis 3 Minuten unter Rühren braten.
4. Die Bohnenstücke hinzufügen, mit Salz und Zucker abschmecken und weitere 2 Minuten unter häufigem Wenden braten.
5. Mit der Kokosmilch ablöschen, das Lorbeerblatt und den Tamarindensaft hinzufügen und die Flüssigkeit aufkochen lassen.
6. Die Sauce zugedeckt 10 Minuten köcheln lassen, dann die Hummerkrabben wieder in die Sauce geben und alles noch einige Minuten gut durchziehen lassen.
(auf dem Foto: unten)

FEINSCHMECKER-TIP

Für dieses Rezept kann man auch das Fleisch anderer Krustentiere, etwa das sehr schmackhafte Fleisch aus Langustenschwänzen, verwenden.

GEBRATENE HUMMERKRABBEN
udang goréng

Für 4 Portionen
Zubereitungszeit: ca. 15 Min.
ca. 250 kcal pro Portion

20–30 rohe Hummerkrabben (ohne Schale, aber mit Schwanz)
1 Zwiebel
2 Knoblauchzehen
3 EL Öl
3 EL süße Sojasauce
½ TL Sambal oelek
2 EL Zitronensaft
Salz

1. Die Krabben waschen und trockentupfen.
2. Die Zwiebel und den Knoblauch schälen und fein hacken.
3. Das Öl in einer Pfanne erhitzen, die Krabben von jeder Seite 1 Minute braten. Sie herausnehmen und warm stellen.
4. In dem verbliebenen Fett Zwiebel und Knoblauch anbräunen. Sojasauce, Sambal und Zitronensaft hinzufügen und umrühren. Leicht salzen, die Krabben wieder in die Sauce geben und noch 1 bis 2 Minuten unter Rühren garen.
(auf dem Foto: oben)

REIS

Kaum ein anderes Grundnahrungsmittel kann man so vielseitig verarbeiten wie den Reis. Lassen Sie deshalb bei der Reisküche Ihrer Phantasie freien Lauf, und benutzen Sie die folgenden Rezepte als Anregungen.

Gefüllte Reisrollen
lemper

Für 4 Portionen als Beilage
Zubereitungszeit: ca. 1 Std.
Einweichzeit: 1 Std.
ca. 330 kcal pro Portion

200 g Klebreis
Salz

Für die Füllung:
2 Schalotten
oder 1 kleine Zwiebel
2 Knoblauchzehen
200 g gekochte Hühnerbrust
4 EL Öl
½ TL Korianderpulver
½ TL gemahlener Kreuzkümmel
½ TL Gelbwurzpulver
Salz, Pfeffer
150 ml Kokosmilch

1. Den Klebreis waschen und 1 Stunde in kaltem Wasser quellen lassen. Dann mit ca. ½ l Wasser und etwas Salz zum Kochen bringen und zugedeckt auf sehr kleiner Flamme in etwa 20 Minuten ausquellen lassen. Dann abkühlen lassen.
2. Die Schalotten oder die Zwiebel schälen und fein würfeln, die Knoblauchzehen schälen und durchpressen. Die Hühnerbrust in sehr kleine Würfel schneiden.
3. In einer Pfanne 3 Eßlöffel Öl erhitzen und die Zwiebel darin hellbraun braten, dann den Knoblauch dazugeben und kurz mitbraten. Alle Gewürze hinzufügen und 1 bis 2 Minuten bei milder Hitze unter Rühren mitschmoren.
4. Die Fleischstreifen in die Pfanne geben und unter häufigem Wenden 3 bis 4 Minuten braten.
5. Den Pfanneninhalt mit der Kokosmilch ablöschen und dicklich einköcheln lassen.
6. Vier Stücke Alufolie (ca. 20 x 20 cm) zurechtschneiden und mit Öl einpinseln.
7. Den Reis in vier Portionen teilen und so auf den Alufolien verstreichen, daß an den Rändern je gut 5 cm Platz bleibt. In die Mitte des Reises jeweils 2 bis 3 Eßlöffel der Füllung geben. Nun die Folienstükke fest zusammenrollen und wie Knallbonbons verschließen.
8. Die Reisrollen können kalt oder warm gegessen werden. Sie lassen sich auch gut vorbereiten und, in Folie eingewickelt, im Ofen wärmen.
(auf dem Foto: unten)

Feinschmecker-Tip
In Indonesien wickelt man die Reismasse in Bananenblätter und serviert sie auch darin (siehe Foto: unten).

Aromatischer Reis
nasi gurih

Für 4 Portionen
Zubereitungszeit: ca. 30 Min.
ca. 390 kcal pro Portion

400 g Reis
900 ml Kokosmilch
2 Lorbeerblätter
2 Zitronenblätter
1 TL Zitronengraspulver
1 TL Galgantpulver
Salz

1. Den Reis waschen und mit allen anderen Zutaten aufkochen und 5 Minuten sprudelnd kochen lassen.
2. Dann den Reis zugedeckt auf kleinster Flamme in etwa 20 Minuten ausquellen lassen.
(auf dem Foto: oben)

Feinschmecker-Tip
Zu aromatischem Reis serviert man gebratene Zwiebeln, Sambal oelek oder Sambal manis und Omelettstreifen.

In Kokosmilch gekochter Reis
nasi langie

Für 4 Portionen
Zubereitungszeit: ca. 30 Min.
ca. 355 kcal pro Portion

Salz
1 EL Krabbenpaste
70 g Kokoscreme
6 Schalotten oder
1–2 Zwiebeln
3 Knoblauchzehen
300 g Reis
1 TL Zitronengraspulver
1 TL Galgantpulver

1. Zuerst 700 ml Wasser mit Salz und der Krabbenpaste in einen Topf geben und die Kokoscreme darin bei milder Hitze schmelzen lassen.
2. Die Schalotten oder die Zwiebeln und den Knoblauch fein würfeln, zusammen mit dem Reis und den anderen Gewürzen in das Wasser geben, einmal aufkochen und bei sehr milder Hitze im geschlossenen Topf in etwa 20 Minuten ausquellen lassen, bis der Reis weich ist.
(auf dem Foto: links)

Feinschmecker-Tip

Zu Nasi langie serviert man gebratene Erdnüsse, Omelett- oder Pfannkuchenstreifen, Streifen von geschälter Gurke, ein Sambal (S. 24) und eventuell ein Stück gebratenes Huhn.

Gebratener Reis

nasi goréng

Für 4 Portionen

Zubereitungszeit: ca. 20 Min.
ca. 350 kcal pro Portion

800 g gekochter, abgekühlter Reis (am besten vom Vortag)
2–3 Zwiebeln
3 Knoblauchzehen
2–3 EL Öl
1–2 EL Sambal oelek
3–4 EL süße Sojasauce

1. Den Reis mit einer Gabel auflockern.
2. Die Zwiebeln fein würfeln, den Knoblauch durchpressen.
3. In einer Pfanne das Öl erhitzen und die Zwiebeln darin goldbraun braten. Dann den Knoblauch kurz mitbraten.
4. Den Reis dazugeben und unter Rühren 10 Minuten braten. Mit Sambal und Sojasauce würzen.
(auf dem Foto: rechts)

Variationen

Nach Wunsch kann man kleingeschnittenes gekochtes oder gebratenes Fleisch, Krabben, Schinken oder auch Gemüse unter den Reis mischen. Man serviert Nasi goréng mit geschälten rohen Gurken und Krupuk.

Reis mit Huhn
nasi ayam

Für 4 Portionen
Zubereitungszeit: ca. 1 Std.
ca. 860 kcal pro Portion

3 Schalotten oder 1 Zwiebel
3 Knoblauchzehen
2 EL Öl
4 gemahlene Macadamianüsse
1 TL Korianderpulver
1 TL Kreuzkümmelpulver
1 TL Galgantpulver
½ TL Zitronengraspulver
1 l Hühnerbrühe
4 große Hühnerschenkel
2 EL Kokoscreme
500 g Reis
Salz

1. Die Schalotten oder die Zwiebel und den Knoblauch schälen und fein würfeln oder in einer Presse zerdrücken.
2. Das Öl in einem Topf erhitzen, Schalotten und Knoblauch darin leicht anbräunen.
3. Die Nüsse und alle Gewürze in den Topf geben und dann einige Minuten unter ständigem Rühren mitbraten.
4. 1 l Hühnerbrühe angießen und darin die Hühnerschenkel 1 knappe Stunde garen.
5. Das Fleisch herausnehmen, den Reis und die Kokoscreme in die Brühe geben und ca. 20 Minuten garen.
6. Die Hühnerschenkel auf den Reis legen und alles zugedeckt noch 5 bis 10 Minuten schmoren lassen. Eventuell noch etwas Wasser oder Brühe nachgießen.

FALKEN-FEINSCHMECKER

ISBN: 3-8068-**1152**-0

ISBN: 3-8068-**1153**-9

ISBN: 3-8068-**1191**-1

ISBN: 3-8068-**1286**-1

ISBN: 3-8068-**1344**-2

Eine weitere Auswahl aus unserer Kochbuchreihe:

Suppen
ISBN: 3-8068-**1031**-1

Aufläufe
ISBN: 3-8068-**0882**-1

Eintöpfe
ISBN: 3-8068-**0820**-1

Pfannengerichte
ISBN: 3-8068-**1007**-9

Saucen
ISBN: 3-8068-**0817**-1

Brotaufstriche
ISBN: 3-8068-**1155**-5

Toasts und Sandwiches
ISBN: 3-8068-**1109**-1

Gerichte für 1 Person
ISBN: 3-8068-**1154**-7

Vollwertkost für Kinder
ISBN: 3-8068-**0968**-3

Müsli & Co.
ISBN: 3-8068-**0965**-8

Brunch
ISBN: 3-8068-**1033**-8

Grillen
ISBN: 3-8068-**0931**-3

Fleischfondues
ISBN: 3-8068-**0966**-6

Schlemmersalate
ISBN: 3-8068-**0934**-8

Jeder Band mit 64 Seiten und ca. 50 Farbfotos.

Light Drinks
ISBN: 3-8068-**1222**-5

Longdrinks
ISBN: 3-8068-**1062**-1

Karibische Drinks
ISBN: 3-8068-**1150**-4

Mixen mit Milch
ISBN: 3-8068-**1151**-2

Reis
ISBN: 3-8068-**1209**-8

Kartoffeln
ISBN: 3-8068-**1032**-X

Nudeln
ISBN: 3-8068-**0884**-8

Gemüse
ISBN: 3-8068-**1061**-3

Lamm
ISBN: 3-8068-**1090**-7

Knoblauch
ISBN: 3-8068-**0867**-8

Fisch
ISBN: 3-8068-**0964**-X

Meeresfrüchte
ISBN: 3-8068-**0886**-4

Picknick
ISBN: 3-8068-**1208**-X

FALKEN

Rezeptverzeichnis

Abkürzungen

EL	=	Eßlöffel
TL	=	Teelöffel
cm	=	Zentimeter
g	=	Gramm
kg	=	Kilogramm
ml	=	Milliliter
l	=	Liter
Msp.	=	Messerspitze
kcal	=	Kilokalorien

Alle **Kalorienangaben (kcal)** in diesem Buch beziehen sich auf eine Portion des jeweiligen Gerichtes.
Die **Zubereitungszeit** umfaßt die Vorbereitungs- sowie die Garzeit, falls keine gesonderten Angaben erfolgen.

Elektrobackofen	Gasherd
150° C/160° C	Stufe 1
175° C/180° C	Stufe 2
200° C	Stufe 3
220° C/225° C	Stufe 4
240° C	Stufe 5
250° C	Stufe 6

„FALKEN Feinschmecker“ ist eine exquisite Kochbuchreihe, deren Bände immer einem besonderen Thema gewidmet sind. So kommt jeder Genießer auf seine Kosten. Fragen Sie Ihren Buchhändler.

Die Deutsche Bibliothek – CIP-Einheitsaufnahme

Von Sumatra bis Bali : indonesische Spezialitäten / Cornelia Zingerling ; Titi Sudarso. [Fotos: Brigitte Harms ; Silvestris Fotoservice (Otto Stadler). Red.: Inge Uffelmann]. – Niedernhausen/Ts. : FALKEN, 1993
(FALKEN Feinschmecker)
ISBN 3-8068-1344-2
NE: Zingerling, Cornelia; Harms, Brigitte; Uffelmann, Inge [Red.]

ISBN 3 8068 1344 2

Umschlaggestaltung: Peter Udo Pinzer
Titelbild: Brigitte Harms, Hamburg
Fotos: Brigitte Harms, Hamburg; Foto Seite 7: Silvestris Fotoservice (Otto Stadler)
Foodstyling: Irmtraud Oppermann, Yenny Susanti
Redaktion: Inge Uffelmann
Herstellung: Jürgen Domke
Gesamtkonzeption: Falken-Verlag GmbH, D-6272 Niedernhausen/Ts.

817 2635 4453 6271